Luis Rojo

AF275409

La arquitectura también se escribe

Entre la crítica y la investigación

Ensayos Críticos
01

1. Historia

Todo se puede contar de múltiples maneras.

Supongamos, por tanto, que comenzó con la lectura del libro *Sin contenido,* del autor Kersten Geers, uno de los dos socios de Office, el estudio de arquitectura de Gante. Aunque editado como libro, recoge dieciséis textos cortos escritos entre 2010 y 2020 para su publicación en la revista veneciana *San Rocco.*

La revista, al igual que Geers, bascula entre la cultura arquitectónica y la reflexión ensayística, entre la dependencia de la historia con mayúsculas de los doctorados en Milán y Venecia y la actitud desprejuiciada de unas generaciones que han crecido a la sombra de OMA.

«Escribir para *San Rocco* nos ayudó a desarrollar una forma más libre y audaz de escribir sobre arquitectura y, como resultado, más arrogante, pero, con suerte, más divertida de lo que era hasta entonces la norma».[1]

Por ello, debe darnos que pensar cuando afirma en la introducción que los artículos han sido reeditados en el libro en un orden distinto al de su publicación en la revista; en sus palabras: «Están organizados en un orden no cronológico con el propósito de sugerir un meta-argumento».[2]

Sin embargo, aunque fueron escritos independientes unos de otros —desde luego su temática lo es—, sin una estrategia común o programa premeditado, el nuevo orden asignado a la colección de ensayos propone, en opinión de su autor, una línea discursiva, una posición, un metaargumento fruto de encadenarlos en un nuevo orden de lectura y, como consecuencia, de la estructura del texto, capaz de modificar su contenido. El conflicto entre las formas de comunicación de un pragmatismo desenfadado y audaz frente a los modelos metodológicos académicos —por ejemplo, los propios de la historia— se cuela inadvertidamente en la discusión sin más que cambiar la escala de observación: entre los artículos individualmente publicados y el orden intencionado de la reedición.

San Rocco es un paradigma de este inestable equilibrio, tal y como pone de manifiesto el programa editorial publicado en su Web y descrito en estos términos:

«es una revista de arquitectura;
no resuelve problemas;
no es una revista útil;
no es ni seria ni amistosa;
está escrita por arquitectos;
no durará para siempre».[3]

Cuatro negaciones contra dos afirmaciones son suficientes para identificar, entretejido con la afición por la historia de la arquitectura occidental, el pedigrí koolhaasiano de un texto-manifiesto interesado en la polémica implícita en la identidad definida por negación, por medio de la diferencia. No es, no resuelve, no durará...

Para resumir, y según sus editores, es una revista de arquitectura escrita (y dibujada) por arquitectos que no tiene intención de resolver problemas o resultar útil. No caeremos en la tentación de asumir que su objetivo es, por tanto, crear o amplificar problemas innecesarios. Pero, después de casi diez años de publicación, sabemos que la historia de la arquitectura, la ciudad europea y la representación son tres ejes recurrentes de la publicación.

Volviendo a Kersten Geers y su libro, hay tres textos de entre los publicados especialmente sintomáticos. El primero, en línea con el *call for papers* con motivo de la efeméride de los quinientos años de la muerte de Donato Bramante,[4] nos enfrenta ciertamente a una relación desenfadada con la historia o, en palabras de Geers, más libre y directa.

Ajeno a los marcos de la investigación histórica y de la metodología historiográfica —no hay una sola fecha o nota bibliográfica en el mismo—, el texto procede con una doble estrategia. Por un lado, mantiene a Bramante y su obra en su contexto histórico real: Milán y Roma en el cambio de siglo, la formulación de la perspectiva como sistema de representación, la instrumentalización de arquitectura en las luchas de poder de los Sforza y del Papado, las dificultades técnicas frente a los nuevos repertorios arqueológicos, etc. Pero, por otro, lo describe en unos términos que solo pueden entenderse como contemporáneos. Porque, para Geers, lo más significativo de Bramante es su pragmatismo, su capacidad de supervivencia en un contexto de cambio que lo dejaba atrás.

«Entonces, ¿podría ser que para Bramante la perspectiva fuera más una cuestión de facilidad, incluso de pereza, que de habilidad? Si esto es cierto, su obsesión con la perspectiva no habría

6

sido el resultado de su 'mirada de pintor', sino de un enfoque pragmático en lo alcanzable».[5]

Un número limitado de obras construidas, pero con frecuencia inacabadas, la existencia de un número reducido de dibujos de su mano —o que hayan sobrevivido, al menos— y las dificultades técnicas acaecidas en la construcción de obras de escalas muy ambiciosas —las romanas fundamentalmente—, le valen a Geers para describir a Bramante como un pragmático negociador con la realidad y capaz, si es necesario, de comprometer los 'ideales' de una arquitectura para resolver problemas concretos.

«Columnas, arquitrabes, órdenes, arcos, muros, proporciones rudimentarias…: es como si Bramante hubiera encontrado final-mente [en las ruinas imperiales] las toscas herramientas que su arquitectura rápida y fragmentaria necesitaba».[6]

Y, del mismo modo que el modelo de visión perspectiva le per-mitió dotar de una forma completa y cerrada a una arquitectura fragmentaria, a su llegada a Roma las ruinas imperiales le pro-porcionan el modelo formal de lo inacabado y de sus múltiples piezas constituyentes. Perspectiva y arqueología serían, para el Bramante construido por Geers, instrumentos prácticos más que modelos conceptuales.

Una vez construido tal argumento —la oposición del pragma-tismo propio del maestro gótico frente al idealismo abstracto del arquitecto humanista—, se adentra en una de las más complejas y monumentales obras de Bramante, el Cortile del Belvedere para, en primer lugar, contradecir expresamente al historiador James Akerman, especializado en la arquitectura del *Cinque-cento*, en su interpretación de esta obra —inacabada durante décadas tras la muerte de Bramante— para, a continuación, proponer una alternativa.

En un artículo publicado en 1951,[7] basado en el hallazgo en el Castel Sant Ángelo de un luneto, pintado en torno a 1545, atri-buido erróneamente a Vasari y que muestra una vista perspec-tiva elevada del Cortile desde la cubierta de la residencia papal y orientada hacia la villa de retiro de Inocencio VIII, Ackerman propone que, en su escala, articulación de las piezas, uso de espacios exteriores enmarcados por pórticos, etc., el Belvedere reproduce la arquitectura de las villas imperiales romanas con las que de Bramante entró en contacto a su llegada a Roma en 1502. De ahí el título propuesto por Akerman, *El Belvedere como una Villa Clásica*, un texto de metodología académica y dentro de los cánones de la investigación histórica, construido a partir de un hallazgo hasta entonces desconocido que da lugar a un argumento basado en una comparación plausible.

Desalineándose de las interpretaciones de los historiadores, Kersten Geers afirma que Bramante emplea «herramientas precisas, aunque rudimentarias» para dotar al gigantesco espacio del Belvedere de suficiente autoridad para controlar la heterogeneidad de plataformas, desniveles y construcciones en su perímetro, «el desorden no resuelto en el centro del Cortile».[8] En definitiva, el estado incompleto e inacabado que mantuvo durante décadas, recogido en las imágenes de su tiempo y que atestigua sus deficiencias técnicas y constructivas, no se debe a una cadena de errores del arquitecto, la dificultad técnica intrínseca a la escala o la mala fortuna, sino que es su verdadera razón de ser: «¿No fue proyectado desde un inicio para sobrevivir como ruina?».[9]

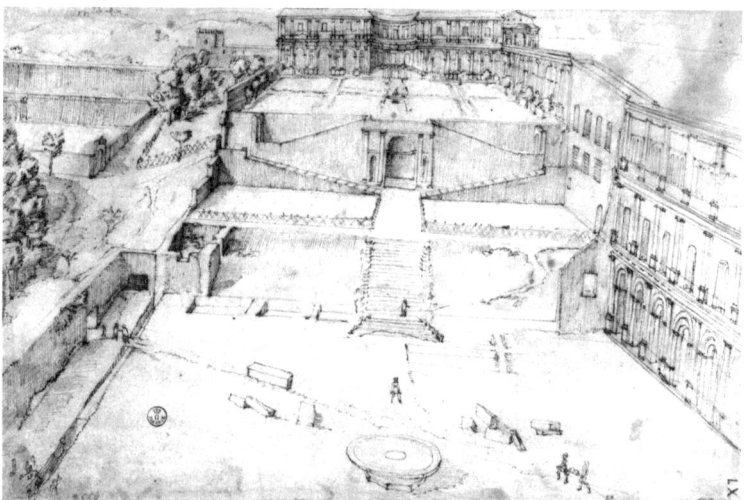

Giovanni Antonio Dosio. «Cortile del Belvedere secondo il progetto di Bramante». Gabinetto dei Disegni e delle Stampe delle Gallerie degli Uffizi, Florencia. (1558-1561)

El Belvedere proyectado y parcialmente construido por Bramante, en opinión de Geers, se habría concebido para ser y permanecer como una construcción incompleta, pero también como una arquitectura imperfecta, sin referente en un modelo ideal. Y ello haría de la obra romana de Bramante la de un maestro gótico más que un arquitecto renacentista pero también, por otro lado, un modelo para el arquitecto actual.

«En nuestros nuevos tiempos medievales, esta arquitectura concienzudamente pragmática, profundamente oportunista y orgullosamente fragmentaria podría ofrecer el único camino a seguir».[10]

No es el propósito de este texto adentrarse en las extensas y complejas discusiones historiográficas sobre la naturaleza o posibles interpretaciones del Cortile del Belvedere propuesto por Bramante al papa Julio II. Pero, aunque pudiera habérnoslo parecido, tampoco era el objetivo del texto de Geers, más interesado realmente en señalar el pragmatismo exacerbado —hasta el punto del oportunismo— como virtud paradigmática del arquitecto que entrar en una disputa abierta entre historiadores.

La escala y dificultad del proyecto, unidas a su azarosa historia y falta de fuentes fidedignas, hacen del Cortile del Belvedere un campo de especulación incluso para los historiadores de la arquitectura. Y, precisamente por esa razón, es identificado por Geers como una oportunidad. La incursión en uno de los proyectos más complejos y debatidos de la historia de la arquitectura occidental es una suerte de recurso literario, de dramatización intencionada para, saltando quinientos años de una página a la otra, describir el perfil prototípico del arquitecto de hoy.

Sin embargo, para esta peripecia hay que aceptar la instrumentalización tanto de la historia de la arquitectura como de la investigación académica, lo cual no se hace de manera explícita en el texto. Inmerso en la cultura arquitectónica compartida con los editores de San Rocco, la historia sería simultáneamente un soporte y un ornamento. Y del mismo modo que las técnicas de la investigación académica —sean estas reales o solo figuradas— proporcionan autoridad científica al texto —al fin y al cabo, se nombran y discuten las fuentes bibliográficas—, en los artículos del círculo de San Rocco un ejemplo histórico de arquitectura italiana termina por fijar, antes o después, los orígenes del problema en cuestión como genealogía o como símil, a darle una forma y asegurar su pertinencia cultural y disciplinar.

Aunque, ¿no era esto lo que caracterizaba los escritos y la metodología crítica de Colin Rowe? ¿Acaso la forma del texto no es la de una relación construida entre realidades históricas inconexas y que facilita a Rowe una comparación irreal entre la Villa Stein-De Monzié en Garches y la Villa Foscari en Vicenza, separadas por más de cuatrocientos cincuenta años, alterando toda lógica histórica o parecido plausible?

Utilizada como argumento de autoridad al tiempo que como un ornamento maleable y flexible, estaríamos sin duda ante una instrumentalización de la historia y de sus parámetros, aunque fuera por una buena causa.

2. Ficción

Bajo el título «Siza's Mother»,[11] el décimo capítulo se inicia con una serendipia, lo cual no es casual ya que todo el libro lo es. Partiendo de una anécdota apócrifa probablemente inventada, un rumor que Geers valida como cierto sin más comprobación —imposible de obtener, por otro lado, ya que es una ficción literaria y discursiva—, el texto señala una visita de Álvaro Siza a la casa de Vanna Venturi en Filadelfia, pocos años después de su construcción, como el desencadenante de una vinculación tan inesperada como desconocida entre ellos. La visita habría marcado el trabajo de Siza, acentuando su interés por la fragmentación de la arquitectura en sus elementos constituyentes (columnas, ventanas, superficies, escaleras, chimeneas, dinteles, arcos y bóvedas…) y posterior agregación, en línea con la sobrearticulación característica en la obra de Venturi.

«Desde esta perspectiva, Siza sería un coleccionista que encuentra, manipula y reelabora temas arquitectónicos, y que luego importa al contexto portugués con indiferencia hacia el lugar. Como ambiguo coleccionista que es, el disfraz del contextualismo le ha servido bien, ya que era la tapadera perfecta de una práctica altamente indiferente, más parecido a John Soane que a Alvar Aalto».[12]

Sería este un hecho relevante en la obra de Álvaro Siza que, sin embargo, ha pasado desapercibido a la crítica —probablemente desconocedora de la dudosa visita— pero que explicaría, por ejemplo, la mayor complejidad de los proyectos construidos en Matosinhos en torno a 1970, justo después del encuentro con la arquitectura de Venturi. De hecho, para Geers sería posible entender la casa de Vanna Venturi como el primer proyecto de Álvaro Siza.

Ciertamente, fechas y hechos, datos y referencias son utilizados no para describir un contexto real, sino para construir un escenario ficticio. Rompiendo los marcos básicos de la investigación académica, los fragmentos reales de información valen para proporcionar una verosimilitud inicial, desmontada a continuación por su engranaje en un relato cuyo objetivo no es un análisis crítico a través de los hallazgos sino fruto de la especulación.

Aunque intentáramos suavizar la propuesta argumentando que Álvaro Siza se apropia de las cosas a través de sus dibujos, la idea es intencionadamente polémica. En un escenario en el que desmonta tanto la interpretación de Siza como 'regionalista crítico', cuya versión canónica procede de la propuesta de Kenneth Frampton en 1984 —la de un arquitecto con un lenguaje propio cuya razón de ser está inscrita en un lugar y un tiempo, defendida por Peter Testa en 1996— o la interpretación aportada por Rafael Moneo en 2004 —la de un arquitecto que ofreció una alternativa a la exacerbación semántica del Postmodernismo a través de la precisión sintáctica y la integración tanto de la espacialidad moderna como de un entendimiento contemporáneo del paisaje— nuestra capacidad de acción habría quedado limitada, una vez más, por la forma del texto. Lo que propone el texto de Geers es una comparación, una estructura metodológica con sus propias reglas que se cierra sobre sí misma, apoderándose de los contenidos.

Obligados a pensar en términos de similitudes y diferencias entre ambos arquitectos, la propuesta de Geers sería que, frente a la estrategia de Venturi de problematizar todos y cada uno de los elementos en todos y cada uno de los proyectos, incluso el de una pequeña casa de los suburbios de Filadelfia, en aras de la comunicación, en la obra de Siza «líneas y materiales, escaleras y barandillas, muros y columnas, perímetros y ventanas son activados, una y otra vez, en una composición compleja que no se presenta, sin embargo, como un *tour de force*».[13]

En definitiva, y aunque da cierto reparo decirlo, el talento de Siza sería su peor enemigo. Su capacidad para integrar toda una colección de elementos heterogéneos en la composición sin obstrucción o estridencias reduciría su arquitectura a una técnica.

«Para evitar el despliegue perpetuo de habilidades arquitectónicas, la obstrucción es fundamental».[14]

Sin embargo, una vez más, otra polémica distinta y de naturaleza contemporánea se deja ver, entretejida en la contraposición entre las composiciones más forzadas de Robert Venturi y la absorción de la complejidad en la naturalidad y unidad que caracteriza las formas de Álvaro Siza. Para Siza el proyecto precede a la imagen mientras que, para Venturi, la imagen es una condición propia de la arquitectura que permite entenderla como superficies legibles y como signos.

Lo cierto es que Geers nos atrae sobre sí mismo y sus estrategias de trabajo, en particular la autoría compartida con el fotógrafo Bas Princen. Una colaboración sobre la que podemos afirmar con seguridad que, en ocasiones, determinadas obras de Office se inician con una imagen de Princen cuyo contenido arquitectónico es desarrollado a través del proyecto.

«Bas Princen hace arquitectura; por tanto, colaboramos con él cuando documenta nuestros edificios».[15]

Si las obras de Siza son sujetos de la representación fotográfica, la arquitectura de Venturi propone el entendimiento de la arquitectura como un sistema de imágenes/signo, como señales y códigos 'superficiales' propios de la comunicación. Por tanto, la arquitectura de Office va un paso más adelante, proponiendo entender la fotografía como un medio para producir una realidad de un modo equivalente a como lo hace la arquitectura.

Documentación de lo existente y producción de algo nuevo, sobre todo en el tiempo de la imagen digital, son dos acciones difíciles de diferenciar o separar, como medio y como profesión.

Una fotografía de la casa de Vanna Venturi, tomada por Bas Princen y publicada en la página 133, forma parte del escueto grupo de ocho imágenes incluidas en el libro. Ajena a la iconografía estándar de la casa, es una imagen interior, parcial, que enfoca la ventana rectangular, a su vez dividida en cuatro, que se asoma al jardín a través del porche en uno de los laterales cortos de la casa, el del comedor junto a la cocina.

Particular hasta el punto de lo irreconocible, la imagen fotográfica es prácticamente un detalle constructivo.

Aunque solo a través del texto, sabemos que el interés de Princen y Geers en la imagen radica en la colección de elementos arquitectónicos que se agregan, superpuestos casi aleatoriamente, es esta esquina: la única columna exenta, la bóveda que dignifica la sala, el forjado horizontal del dormitorio, la ventana…

No estamos ante la casa de Vanna Venturi, la fotografía apenas la muestra, sino frente a esta otra polémica sobre la fragmentación, la arquitectura como ensamblaje de elementos y el nivel de acuerdo o conflicto entre ellos. En este caso, un verdadero *tour de force*. Aunque también podría ser, de hecho, la imagen de una esquina de una casa diseñada y construida por Office.

Pero lo que es cierto es que la icónica columna situada en el centro de la imagen de Bas Princen y señalada por Kersten Geers no aparece en los dibujos de la casa publicados por Venturi durante años. Este hecho 'arqueológico' señalado por la fotografía, este 'error' en la representación de la casa Vanna, es real y sintomático. Aunque necesaria estructuralmente, para Venturi parece no formar parte de la arquitectura de la casa y de sus complejas articulaciones.

La fotografía de Princen y Geers no se propone documentar el resultado —la obra construida—, sino el proceso de pensamiento y producción de esta arquitectura —la sobrearticulación de 'lo uno y lo otro'— en un instante de duda, un momento de autocorrección. Y no sería un documento gráfico, sino forense, el único capaz de retratar el pensamiento en acción.

«Todas las superficies de representación, fotográficas o de otro tipo, son también reales [...] de modo que el investigador ve las

13

imágenes simultáneamente como presencia y como representación, materia y mediación, ilusión y descripción, lentes que condesan y distorsionan, con todas sus consecuencias».[16]

Es como si la intención de quien mira, del fotógrafo o del arquitecto crítico, no fuera documentar la arquitectura de la casa como un error en la misma, una suerte de falta sintáctica y simbólica en la agregación problemática de elementos, los riesgos del *tour de force*, sino como un error sintomático que permite explicar precisamente el sistema arquitectónico, en tanto que lo expone en una imagen, lo traduce a un hecho paradigmático.

Álvaro Siza. Banco Pinto y Sotto Mayor, Oliveira de Azeméis, Portugal. (1971-1974)

Definitivamente, la casa de Vanna Venturi es el primer proyecto de la obra de Office. La conocen mejor que nadie, incluso dónde hubo que añadir una columna que Venturi no recuerda.

3. Manifiesto

El penúltimo capítulo, «Architecture Without Content», cierra el libro. Atendiendo a la explicación del autor cuando se refiere a la 'reordenación en un metaargumento' de los artículos originales previamente publicados en San Rocco, es decir, a un orden superior a la suma de cada uno de ellos que proporciona al libro, a pesar de su origen fragmentario, un significado unificado y propio, comprendemos que estamos llegando al final, a las conclusiones de su reflexión.

Sin embargo, con la lectura de las treinta primeras frases —el texto está escrito de un tirón, casi sin párrafos, con la urgencia aparente de decir algo importante que no puede esperar—, nos damos cuenta de que estamos en otro lugar, ante otro género, y frente a una relación distinta entre escritura y arquitectura. La historia de la arquitectura y la ficción ensayística ha dejado paso al manifiesto, trasladando su tono afirmativo y propositivo a todas las escalas y modificando, como consecuencia, tanto las formas como los contenidos.

No debe sorprendernos darnos cuenta de que, a diferencia de los anteriores textos incluidos en el libro, «Architecture Without Content» no fue escrito para ser publicado en San Rocco, sino en el monográfico de *2G* de 2016 dedicado a la obra de Office. La atención a la historia y los métodos del análisis disciplinar que ocupaban los textos anteriores, tanto como la fijación sintáctica de las imágenes de Bas Princen, han sido sustituidos por el realismo crudo del presente. La escritura como refugio maleable y la historia como imaginario dejan paso al pragmatismo operativo identificado en Bramante.

Definitivamente, la cuestión no es si los arquitectos escriben o no,[17] sino para qué escriben; cuál es el objetivo de la escritura cuando esta es el medio con el que se produce la arquitectura, cuando la escritura es arquitectura.

«Nuestra ciudad contemporánea está controlada por máquinas que preferimos ignorar. Estas máquinas han sido enviadas a la periferia, en auténticas zonas de impunidad donde el proyecto no se rige por lo que se desea, sino por aquello que ofrece menos resistencia […] La vieja dicotomía entre ciudad y paisaje ha desaparecido. Estando hoy ocupada prácticamente toda la superficie, no podemos dejar los restos de nuestra sociedad fuera. Sencillamente, ya no hay exterior».[18]

Las nuevas infraestructuras de la sociedad de la información, los *data centers* y los centros logísticos, las 'cajas sin contenido', son ahora el vehículo, el síntoma del estado de la arquitectura y de la ciudad contemporánea. Son los nuevos monumentos de nuestro tiempo, como lo fueron hospitales, cárceles o falansterios en los siglos XVIII y XIX, las infraestructuras públicas de la razón ilustrada construidas fuera de la ciudad por razones de orden social e higiene.

Pero historicidad y monumentalidad urbana pronto se diluyen en el texto de Geers frente a la más abstracta, pero también más específica cuestión de la escala, según los autores, aunque en realidad están hablando del tamaño. Las «cajas sin contenido» son interiores sin escala que forman un sistema continuo de urbanización, «como si habitáramos un interior gigante».[19]

La implícita referencia inicial a Rossi sin nombrarlo —«las grandes cajas son nuestros monumentos, […] lo que conforma nuestro tejido urbano»[20]— es solo un señuelo culto que debe medirse contra la otra línea genealógica latente, la neovanguardia holandesa de los 90, en la que esta generación se educó y cuyo lenguaje-manifiesto y desenfado crítico constituyen el manual de escritura del texto.

En *Junkspace*,[21] quizá el texto más programático y completo de los escritos por Rem Koolhaas, se superpone el tono apocalíptico del manifiesto con el análisis crítico de la realidad contemporánea con aparente naturalidad, pero sin ser nunca la misma cosa. El sabor agridulce que impregna el texto proviene precisamente de esta superposición retórica.

En las primeras páginas es un texto que mira al pasado reciente, el proyecto moderno y su cultura del consumo, para denunciarlo.

«El espacio basura es lo que queda después de que la modernización haya seguido su curso o, para ser más exactos, lo que se coagula mientras la modernización está en curso, sus consecuencias […] Fue un error inventar la arquitectura moderna del siglo XX. La arquitectura desapareció en el siglo XX».[22]

Sin embargo, más adelante, el pragmatismo holandés —su oportunismo— triunfa sobre cualquier idealismo crítico o disciplinar. Haciendo honor a la expresión inglesa *'what you see is what you get'* —la máxima realista que cortocircuita toda interpretación o hermenéutica, en definitiva, el fin de la crítica—, no queda otra que trabajar con lo existente, aprender de ello, manipularlo desde su interior sin escala. Pero no debemos confundirnos: lo existente no es un contexto físico o un modelo teórico, sino la caja de herramientas que contiene los instrumentos prácticos del capitalismo avanzado.

«El espacio basura parece una aberración, pero es lo esencial, lo principal... producto del encuentro entre las escaleras mecánicas y el aire acondicionado, concebido en una incubadora de cartón yeso (los tres ausentes de los libros de historia) [...] La continuidad es la esencia del espacio basura; aprovecha cualquier invento que facilite la expansión, emplea los recursos de la ausencia de juntas: escalera mecánica, aire acondicionado, rociador, sectorizaciones contra incendios, la cortina de aire caliente... Siempre es un interior, tan extenso que rara vez percibes los límites... El espacio basura está sellado, unido no por la estructura, sino por la piel, como una burbuja».[23]

En su inicio, este ensayo programático de Rem Koolhaas parecería orientarse a la proposición de un nuevo concepto: *Junkspace*, el espacio basura, lo opuesto al espacio moderno. Pero, finalmente, si llegamos al final del extenso texto de frases encadenadas sin respiración posible, en continuidad para infundir el ritmo y la cadencia propia del texto-manifiesto, llegamos a la conclusión de que se trata de un despiadado análisis crítico de la arquitectura de hoy a través de sus componentes técnicos, tanto como de la realidad contemporánea por medio de la arquitectura.

El aire acondicionado, la iluminación eléctrica o las juntas selladas son mecanismos técnicos con la capacidad real de alterar, incluso invertir, paradigmas fundamentales no de la arquitectura moderna, sino de la arquitectura e, incluso, de las formas sociales.

Es el fin del discurso moderno en tanto que, de ahora en adelante, es inviable cualquier convicción ingenua sobre la 'neutralidad tecnológica'. Los medios técnicos, a menudo asociados a una neutralidad predicada en la flexibilidad y la eficacia, —por ser ajenos a una configuración particular y responder a la lógica del estándar—, quedan expuestos en el texto como dispositivos con agencia, maquinas impositivas con una agenda potente, aunque nunca explicitada.

Las coincidencias entre ambos textos, *Junkspace* y «Architecture Without Content», son seminales y de fondo, pero también literales. El realismo pragmático que permite identificar y entender el verdadero 'estado de la cuestión' en el que estamos inmersos —la existencia de una arquitectura genérica que no es el resultado de una idea o un modelo, sino de la aplicación práctica de una economía de medios y recursos y de su persuasiva tecnología— es compartido en ambos casos como hipótesis y como argumento. Tanto como la necesidad de hacer del arquitecto un paradójico agente doble, ya que debe convertirse en un experto en *'junkspace',* pero también en un crítico del mismo para así poder dotar algunas 'cajas contemporáneas' de valor material y arquitectónico, al límite de las cosas y en el límite de las cosas.

«Es una arquitectura cada vez más desconectada de su contenido real que —quizá inscrita en una vieja tradición— se concentra en el perímetro».[24]

Koolhaas no solo saca los problemas de la forma fuera del panorama de atención. En el género-manifiesto del nuevo pragmatismo, la historia de la arquitectura italiana como origen de todas las técnicas y significados también ha perdido su posición central. Los editores de San Rocco, educados en el discurso erudito y artístico del liceo italiano, probablemente no estarán de acuerdo con él.

Si en las elecciones presidenciales de 1992 Clinton hizo uso del eslogan «*it's the economy, idiot*» para derrotar en las urnas al presidente Bush, que partía como favorito, en este caso el eslogan revelador lanzado a los arquitectos sería «*it's technology, idiot*» y no la historia.

Situados entre el discurso cultural que aún hoy hace de la historia —reciente por moderna o más remota— el origen de los significados y el pragmatismo crítico de las neovanguardias de los 90 —definitivamente como principio fundacional de la sociedad neoliberal europea— se hace evidente que no valoramos suficientemente el poder del soporte, del medio, para determinar el contenido, el mensaje. Y en eso Koolhaas acierta: no hacemos lo que queremos, sino lo que podemos, lo que está normalizado tanto por los sistemas técnicos y productivos como por los modelos sociales.

Geers termina el texto afirmando: «En un mundo sin exterior, lo único que importa es la escala».[25] Pero quizá lo que deberíamos entender es que, en un mundo sin exterior, lo único que importa es la tecnología, la herramienta con la que se construye el 'interior sin escala'. Porque, en una realidad completamente urbanizada, una vez desaparecido el soporte natural, es necesario construir su sustituto por medios técnicos.

Tal y como explica Bruno Latour, la vieja oposición moderna entre cultura y técnica se ha reconfigurado en un sistema de relaciones, afortunadamente más simbiótico y en red, entre la naturaleza, la política y el discurso.

4. Relato

Ante la arquitectura de la oficina belga Architecten de vylder vinck taillieu nos sentimos impelidos a formular una pregunta en cierto modo paradójica. ¿De qué tiempo es esta arquitectura? Porque sabemos que es de nuestro tiempo, totalmente actual, aunque en ciertos instantes no lo parezca.

El crítico belga Christophe Van Gerrewey lo expresa de otro modo cuando afirma: «seguramente, cualquiera que se enfrente por primera vez a una obra de Architecten de vylder vinck taillieu es probable que reaccione afirmando: '¿Eh? No lo entiendo'. Muestra tanta energía en el diseño, tal uso de la materialidad, semejantes decisiones, habitaciones inacabadas, una profusión de dibujos, ¡y una autoría tan poco clara!».[26]

Ante tal «autoría poco clara», difícil de reconocer y de identificar, el texto de Van Gerrewey opta por realizar un análisis crítico mediante la construcción de un contexto de referencias en el que situar la forma de trabajar de ADVVT como modo de entenderla, de explicarla. Y aunque la arquitectura de esta oficina ha sido definida, quizá precisamente por su idiosincrasia, como fundamentalmente 'normal' y 'belga' —dos términos que habría que redefinir, y en eso consiste el asunto—, no puede pasar desapercibido que las referencias elegidas por Gerrewey para explicar esta arquitectura 'de difícil clasificación' son, y no sin cierta sorpresa al menos por la distancia física, temporal y, sobre todo cultural, las casas de Peter Eisenman de los años 70 —para relacionarlas con la obsesión sintáctica de la *Casa en Ordos*, Mongolia (2010)— y la casa de Frank Ghery en Santa Mónica de la misma década, —cuya descarnada exposición del *balloon frame* y de la piel que lo envuelve resuena literalmente en la *Casa Bern Heim Beuk* en Gante, Bélgica (2011)—.

Para la crítica, con mucha frecuencia solo existe un contexto y un sistema de referencias: aquel que proporciona el pasado, aunque este sea reciente, el linaje genealógico que insiste en el origen probable de las cosas como su razón de ser y, por tanto, de sus posibles significados. Y aquí el concepto de 'referencia' debe resaltarse —y volverá a aparecer convocada por ADVVT—, ya que nunca deja de navegar entre el parecido y la interpretación, como también es difícil saber si es una cualidad de la obra analizada o proviene del imaginario y la cultura de quien la describe en esos términos.

Van Gerrewey no propone un argumento lineal ni un desarrollo continuo del mismo, sino que lo fragmenta: «Diez opiniones y malentendidos…» es el título de su texto y en tantos epígrafes se divide. Pero, aunque los argumentos se desplieguen de manera incremental y fragmentaria, probablemente por el deseo de mantener una sintonía con el trabajo de ADVVT, Van Gerrewey procede de modo ortodoxo, como un crítico. Analiza ordenadamente una serie de obras, construidas o dibujadas, identificando a través y por medio de las mismas un sistema de trabajo y unas herramientas de proyecto capaces de explicar y clarificar, de proporcionar un hilo conductor que enhebre y relacione entre sí una diversidad semejante.

Pero, si nos atenemos a la conclusión con la que cierra el último párrafo, el texto no consigue deshacerse de la dificultad implícita en el trabajo de ADVVT.

«En una exigente y correcta delimitación de las actividades del arquitecto —mirar, dibujar, proyectar, construir— la arquitectura puede surgir sin el beneficio de una teoría o un plan previo».[27]

La «autoría poco clara», la dificultad para entender a qué categoría y a qué tiempo pertenece cada una de estas arquitecturas, se muestra como una cualidad que la arquitectura puede llegar a poseer, pero la escritura, el texto, sin embargo, no puede.

La arquitectura puede surgir sin el soporte de una teoría o un plan previo, afirma Van Gerrewey de la obra de ADVVT, pero es difícil escribir sin una estructura o un orden. Escribimos para entender, para desentrañar la razón de las cosas; sin embargo, la construcción de obras, imágenes o dibujos puede desplegar estrategias diversas simultáneamente, independientes o incluso contradictorias entre sí.

El propósito de dotar de una estructura discursiva, de una forma coherente y clara a la obra de ADVVT por medio de un texto crítico predicado en las lógicas de la contextualización y las referencias —dos instrumentos disciplinares y propios de la crítica y de la historia del arte y la arquitectura— se muestra, por tanto, infructuoso. No parece posible 'traducir' estas obras de arquitectura en otras a través de palabras. Y ello a pesar de que su autoría está intencionadamente diluida en la realidad, incluso habiendo hecho de la 'normalidad' y de la 'copia' dos de sus señas de identidad más características.

Hay que señalar que la arquitectura de ADVVT no establece distinción entre proyectos, dibujos, imágenes y textos. Todos ellos son herramientas de producción equivalentes, independientemente de que cada uno de ellos opere con una materialidad y en un medio propio. Por ello, la autonomía de las imágenes, la discursividad del texto y la articulación constructiva se enredan en las publicaciones de su obra. Porque, aunque su propósito sea mostrar un modo de hacer y sus resultados, al hacer de la incertidumbre un recurso central —incertidumbre en tanto que no es posible vislumbrar un plan maestro que anticipe o explique la toma de decisiones— anulan la posibilidad de construir una lógica crítica.

Sin embargo, y a pesar de lo que afirma Van Gerrewey, ADVVT tienen su propia versión de cómo se hace arquitectura. En cierto modo, sí tienen una teoría o un plan premeditado. Y me refiero al texto «Again»,[28] firmado por ellos y publicado, junto con el resto de dibujos, proyectos y obras, en el monográfico de *2G* n°66 de 2013.

Se trata de un texto fragmentario, sin una estructura, en el que las imágenes a veces funcionan como textos y, a su vez, letras y palabras se imprimen en el papel como imágenes, símbolos de una escritura que carece de continuidad, linealidad o certidumbre. Y en el que desvelan y describen lo que entienden por *Making*, *Context* y *Reference,* tres conceptos seminales en su forma de trabajo.

ADVVT. Casa *Bern Heim Beuk*, Gante, Bélgica. (2009-2011)

«Hacer es mucho más que la mera producción técnica. Hacer puede ser mucho más cuando se acepta la incertidumbre. Puede dar cabida a la extrañeza, sin miedo de cambiar lo absolutamente normal. Atreverse a realizar lo improbable. A veces es lento, otras directo e inmediato. Exige precisión, pero no excluye el gesto. […] El contexto. Eso es claro […] Pero hay algo más. Existe aquello llamado referencia. Quizá referencia sea lo contrario de contexto. El contexto es lo que es y se impone; una referencia, en cambio, es algo que uno es libre de tomar o dejar según le convenga. La colección es la base del concepto de referencia. […] La colección está en la base del concepto de referencia. […] Una colección intangible de todo tipo de cosas. […] Pero una referencia no es un objetivo o una cualidad que deba plantearse como un a priori. El *a priori* es siempre el contexto. El valor de una referencia reside, más bien, en su función de espejo. […] La referencia no tiene un discurso inequívoco. Y, por último, la referencia genera la posibilidad de dilucidar cuestiones sin tanto discurso».[29]

Tres son las claves que da el texto: la incertidumbre como una cualidad de la arquitectura; la referencia como vía de escape frente al marco cerrado del contexto y una profunda y paradójica desconfianza respecto al discurso. Y decimos paradójica porque la arquitectura de ADVVT posee, en su conjunto, una indudable forma discursiva.

La 'nueva normalidad', proclamada y representada por estos arquitectos, se evade de los contextos reales por medio de las imágenes —ellos las llaman referencias—. Imágenes, y no referencias, porque circulan ajenas a su tiempo y su localización, como solo hacen las imágenes. Imágenes, porque operan como un espejo que refleja el objeto para verlo de modo distinto, fuera de su contexto y espacio, deformándolo, transformándolo. Imágenes, y no referencias históricas o bibliográficas, porque operan no individualmente y en relación con su referente, sino como una colección subjetiva, como un sistema de imágenes. De hecho, la colección de imágenes es una forma y un medio característico adoptado por la cultura arquitectónica de hoy.

La incertidumbre alude a lo improbable dentro de la normalidad, la posibilidad de dar cabida a lo extraño y lo no normativo, lo excepcional. El antídoto contra la normalidad y su uniformidad es la deformación de la misma. Pero, en este caso, normalidad e identidad son una misma cosa. Una vez que se ha renunciado a las aspiraciones modernas de novedad, autoría y diferenciación, abocados a trabajar dentro de los contextos ajenos a toda singularidad, la vía de escape de la arquitectura es la autorreferencialidad. De ahí las analogías de Eisenman y Ghery, extemporáneas por excesivamente cultas para una práctica que quiere proteger el concepto de identidad local, pero sintácticamente acertadas.

Finalmente, la desconfianza en el discurso. La arquitectura se resiste, en este paradigma, a ser reducida a palabras, asimilada a un texto. La lógica del discurso y de la crítica, su racionalización argumental, es contraria a la incertidumbre implícita en la referencia que funciona como un sistema de imágenes sin un orden o una lógica (histórico, disciplinar o discursiva). Y vuelta al principio: el único discurso válido de la arquitectura es el de la práctica *(making)*, un discurso sobre sí misma, construido a partir de referencias y autorreferencias, de imágenes especulares que evocan, deformadas, otras arquitecturas, filtradas por la memoria subjetiva de un autor que no lo es, porque en la 'nueva normalidad' se trabaja con la identidad colectiva y no con autorías individuales, o eso creíamos.

«Cada decisión no se toma con el propósito de ser diferente, sino con el de ser normal. Que el resultado sea diferente es mala suerte para lo que se considera normal».[30]

La 'nueva normalidad' de la arquitectura, extendida y asentada por Centroeuropa después del 2008 —naturalizada una vez más como un hecho y no como un cambio de paradigma, por ejemplo, respecto al pragmatismo liberal de los 90—, refleja tanto la pérdida de confianza en la globalización como un giro hacia las identidades locales, la vieja polémica de principios del s. XX entre comunidad y civilización.

Sin embargo, las apariencias no deben confundirnos. No se trata de una mirada retrospectiva o una alusión nostálgica al pasado histórico, tal y como ocurrió en el último tercio del siglo XX. Estamos ante lo que en numerosas ocasiones se ha denominado el 'giro etnográfico', propuesto por autores como James Clifford[31] y puesto en duda por otros como Hal Foster.[32] En este escenario, y como parte del proceso general de desmontaje y superación del proyecto moderno,[33] el modelo de la etnografía sustituye finalmente al de la teoría y el pensamiento crítico.

Aunque también podría decirse de otra manera: lo que aquí subyace es una discusión sobre los mecanismos de representación como forma de conocimiento.

La realidad vista desde fuera es propia del pensamiento crítico, cuyo autor se sitúa fuera del objeto para valorarlo, para verlo en su totalidad, con distancia crítica o perspectiva. Pero cuyo trabajo es desmontarlo, abrirlo en canal, para describir cómo funciona, como si de un artefacto o una máquina se tratara.

El método etnográfico, por el contrario, representa la realidad como un sistema continuo, como una red de relaciones y conexiones entre diversos seres, artefactos y situaciones. Y aspira a representar tal complejidad desde dentro, sin exteriorizar el punto de vista, sin abstraerlo como un sistema completo o un objeto/artefacto. Desaparecen así, en este modelo, las diferencias de tiempos (históricos) y espacios (abstractos), de modo que las referencias, las imágenes que actúan como catalizadores o instrumentos, están disponibles en el interior de esta suerte de 'construcción cultural' sin necesidad de un discurso o una justificación.

«¿Podemos modificar nuestras capacidades de representación y nuestras herramientas para superar el espacio euclidiano? Me refiero a que, cuando se habla de materialidad, empezamos a dibujar como en el siglo XVI y te quedas atascado porque, ¿dónde introduces el tiempo?, ¿dónde colocar a las personas?, ¿dónde pones el envejecimiento?, ¿dónde ubicar el uso? No sabemos cómo hacerlo. Entonces te vuelves crítico y afirmas que es una mala representación porque no podemos incluir todas estas cosas interesantes, y adoptas finalmente la postura del *flâneur*, atendiendo únicamente a las pequeñas cosas y dejando de lado las importantes. De modo que la pregunta necesaria para arquitectos y diseñadores sería: ¿Cómo representar la realidad?».[34]

Como si se tratara del interior de una comunidad premoderna, —aquellas estudiadas por la etnografía clásica y colonial—, la autorreferencialidad como manejo natural de los códigos y los artefactos estaría a nuestro alcance sin necesidad de justificación o explicación, de un discurso crítico. Una autorreferencialidad que, en la arquitectura de ADVVT, se manifiesta en los continuos incidentes que ocurren en sus estructuras —dinteles, pilares o paredes— y que un 'ojo moderno' calificaría de 'errores'. Pero, para una sensibilidad que se niega a ser moderna reflejarían la naturalidad de unos hábitos, de un modo de operar sin un plan, discurso o teoría.

¿De qué tiempo es esta arquitectura? preguntábamos al principio del texto. De hoy, un tiempo caracterizado por la decisión de no ser modernos a pesar de haberlo sido, parafraseando a Latour. Lo cual significa tener el convencimiento —aunque solo el convencimiento— de que es posible restituir una simbiosis entre sociedad y naturaleza o, en el caso particular de la arquitectura, entre cultura y tecnología. Y, como consecuencia, hablar y hacer volverían a ser una misma cosa, haciendo innecesario el discurso crítico.

Solo en estos términos pueden entenderse el texto de ADVVT, escrito en realidad por Jan de Vylder, en el que la arquitectura se describe —y se edita— como una colección de imágenes, artefactos y referencias que se combinan, se superponen en cada contexto o problema, en cada dibujo, obra o fotografía, como en un verdadero gabinete de curiosidades donde se acumulan los fragmentos de una cultura cuya restitución es solo simbólica. La manifestación del deseo de volver a un tiempo anterior al nuestro, no por una voluntad historicista sino como proyecto cultural, antropológico: el de recuperar el equilibrio entre nosotros, los humanos, y todo lo demás.

5. Proyecto

El ojo vigilante y omnipresente de Google Earth es la máxima expresión de la descontextualización. Podemos ir de un sitio a otro con la misma facilidad y velocidad independientemente de su geografía, localización o identidad por medio de otra poderosa herramienta fotográfico-digital: el *zoom in* y el *zoom out*.

Lo cierto es que Google Earth, a pesar de su automatización neutral, es un sistema de representación, un medio de describir el planeta. Es una herramienta de visualización —como lo fue la perspectiva— que, en esta ocasión, sin embargo, tiende a colapsar el concepto dimensional del espacio con el que convencionalmente se maneja la arquitectura. En Google Earth la tierra es plana y no hay escalas, las distancias no existen.

Con Google Earth, acercarse a Palestina exige el mismo esfuerzo que hacerlo al Mall en Washington DC, si exceptuamos las diferencias en el grado de definición. Todo está igual de cerca e igual de lejos. En cierto modo, podría decirse también que en Google Earth el espacio tridimensional no existe, habiendo colapsado en sus imágenes superficiales.

Google Earth es, por tanto, la máxima expresión de una pretendida neutralidad tecnológica heredada del proyecto moderno. Y, sin embargo, es precisamente esta implicación, que el espacio es neutral, homogéneo, continuo y sin límites, lo que la convierte en una herramienta de investigación. Una suerte de lector de código de barras, de escáner de la realidad que facilita leer, inscritas en las imágenes que produce, las múltiples controversias que se agolpan en cada metro cuadrado de superficie visualizada, precisamente por su homogeneidad y neutralidad aparente.

En el libro *Investigative Aesthetics,*[35] Eyal Weizman, fundador de Forensic Architecture, afirma que la forma de indagación de la que hay que diferenciar la investigación es, precisamente, la crítica. Si para explicar los objetivos de la crítica y su búsqueda de la razón de ser, la lógica detrás de las cosas, con frecuencia se usa la metáfora de la arqueología —el desvelamiento de aquello que supuestamente yace oculto bajo la apariencia de las cosas—, la investigación ofrece el análisis de imágenes, objetos o textos simultáneamente como representaciones y como realidades. O, en palabras de los autores del libro, «como materia y como mediación» a un mismo tiempo.

Las imágenes de Google Earth encajan en esta última doble categoría: muestran un fragmento de la realidad y, simultáneamente, la traducen a una imagen mediada, necesariamente conflictiva en su aparente neutralidad.

En el número 62 de la revista *Volume*, fruto tanto de la necesidad —la revista aparentemente entró en bancarrota— como de la omnipresente revisión circular del pasado reciente, los editores optaron por reeditar un número anterior o, en realidad, varios. Bajo el título «Tracked Changes» el número incluye once entrevistas realizadas por *Volume* a diversos arquitectos e intelectuales en números anteriores, publicados desde 1983 (de Álvaro Siza a Renzo Piano, de Saskia Sassen a Bjarke Ingels o Noam Chomsky).[36]

Por un lado, el nuevo número publica íntegramente la entrevista original, en el convencimiento de que, en la sociedad de los medios, obsolescencia y novedad en los contenidos se cancelan mutuamente. Por otro, y precisamente para añadir complejidad a la observación de cómo sobreviven al tiempo acelerado de los medios las ideas y las afirmaciones de los entrevistados —al desgaste de la vorágine mediática tanto como a la producción de contenidos de reemplazo—, la entrevista original se amplía, se pone a prueba con una nueva ronda de preguntas y respuestas, realizada hoy entre los mismos agentes: entrevistador y entrevistado.

Así aprendemos que Benedict Clouette, un estudiante del programa de doctorado en GSAPP, entrevistó al arquitecto Andrés Jaque, fundador de Office for Political Innovation, entrevista que se publicó en 2013 en el número 37 de la revista, y que la conversación adoptó finalmente el título «Mechanical Systems Deliver Societies».

El título anticipa, como ya hemos sugerido, que nuestro tiempo está marcado por el reto de reformatear la relación entre tecnología y cultura, o entre naturaleza y cultura, si es que conseguimos aceptar y entender que este es el único avance realmente necesario: el paso de lo tecnológico a lo medioambiental.

La primera pregunta de la entrevista original, que tuvo lugar hace diez años, fue directamente al grano: «Como arquitecto, se esfuerza extraordinariamente por considerar el aparato tecnológico de los edificios como parte de su desempeño social. ¿Cómo afecta su interés en la faceta social de la tecnología en la consideración de los sistemas mecánicos de sus edificios, por ejemplo, en el proyecto Escaravox?».[37]

Por un lado, no hay más que retrotraerse a Reiner Banham para dejar expuesta la agencia, que no la neutralidad, de la tecnología. La ciudad de Los Ángeles descrita en su libro[38] expone cómo los sistemas infraestructurales (autopistas, canalizaciones de agua, redes de energía, etc.) son los que construyen la forma de la sociedad y determinan su forma física, pero también su estructura social, los vínculos posibles de relación y segregación, los sistemas simbólicos y las jerarquías, construyendo los límites y, con ellos, identidades, comunidades, diferencias, etc.

Por otro, el determinismo técnico-ambiental estándar de un envoltorio climático —la expresión más arquitectónica y estética de la función técnica— acentúa tres convenciones fundamentales asumidas y normalizadas: la diferenciación interior/exterior, la concepción del volumen como una forma unitaria y constructivamente coherente y la segregación e identidad física de la propiedad privada.

La arquitectura como 'ensamblaje tecnológico', como agregación de entidades diversas y heterogéneas formando un sistema, —un espacio doméstico, por ejemplo—, no puede ser entendida como algo puramente mecánico. La tecnología no es solo una herramienta, debe entenderse, también y fundamentalmente, como una construcción social.

Por ello afirma Andrés Jaque que «los sistemas mecánicos son inherentemente políticos».[39]

En la entrevista ampliada, realizada en marzo del 2023, aparece, sin embargo, un sesgo nuevo e inesperado: la identificación de la sostenibilidad como parte de las instituciones y discursos dominantes y normalizados; un nuevo empoderamiento de lo tecnológico siguiendo el modelo moderno, es decir, relacionando la tecnología con el progreso y, paradójicamente, como la solución de los problemas medioambientales provocados, fundamentalmente, por ese mismo paradigma tecnológico.

En la mentalidad occidental y antropocéntrica persiste el argumento del desarrollo tecnológico como único modelo práctico y efectivo para avanzar. Por ello, dentro de este marco, la tecnología es ajena a la representación de conflictos y controversias, neutral, centrada en la resolución de problemas, protegida detrás de una forma de pensamiento racional, dedicada a la eficacia y la optimización de lo estandarizado, pero sin amago de desvelar la conexión ideológica entre lo estándar, lo normativo y, finalmente, lo normalizado con todas sus consecuencias.

Como alternativa posible y, por tanto, no solo como proyecto sino como modelo, podemos entender la Casa Rambla, construida por Andrés Jaque/Office for Political Innovation entre 2018 y 2021 en Molina del Segura, Aragón, como un 'proyecto estético' que hace explícitos los 'procesos tecno-ecológicos' al tiempo que produce las condiciones de un 'entorno doméstico'.

«La Casa Rambla-Clima funciona como un dispositivo climático y ecológico. Forma parte de una serie de iniciativas asociativas, desarrolladas a escala de ciudadanos independientes, para contribuir a la reparación de los daños ambientales y climáticos causados por la sobreurbanización en Molina de Segura».[40]

La casa quiere ser, en palabras de Andrés Jaque, un dispositivo que demuestra cómo la arquitectura puede actuar no solo como objeto técnico, sino como proceso técnico-ambiental, trascendiendo la escala de lo normativo —la casa como espacio doméstico— y abarcando las escalas del territorio —fomentando la remediación de las ramblas—, y las escalas de lo político —oponiéndose a la normalización de las herramientas de urbanización—.

«Iniciada la reparación de las condiciones hidrotermales de la rambla, han resurgido atisbos de una vida anterior más que humana, tan solo después de un año desde su construcción. Ahora crecen braquiópodos, mirtos, lentiscos, palmeras abanico, adelfas y árboles de fuego en la sección elíptica. Insectos, pájaros y lagomorfos encuentran refugio en ella».[41]

La asimilación de la Casa Rambla a un dispositivo o, en la terminología de Michel Foucault, a un paradigma singular, no es fortuita, aunque Jaque no lo cite expresamente. En sus investigaciones sobre las formas del poder y de las instituciones, Foucault dio la espalda a los modelos jurídicos e institucionales, a las categorías universales (el derecho, el Estado, la teoría de la soberanía), en favor de un análisis de los dispositivos concretos, a través de los cuales «el poder penetra en los cuerpos mismos de los súbditos y gobierna sus formas de vida».[42]

En la propuesta de Foucault y Agamben el paradigma es un ejemplo, un caso singular que, a través de su repetitividad adquiere la capacidad de modelar tácitamente el comportamiento y las prácticas de investigación, en la ciencia, o de la producción, en la técnica. El imperio de la regla como canon de cientificidad se sustituye por el del paradigma y la lógica universal de la ley por la lógica específica y singular del ejemplo. Así entiende Foucault el panóptico: no es solo un edificio, sino el diagrama de un mecanismo.

La redefinición del estatus político de la materialidad arquitectónica, junto con el señalamiento de la agencia propia de su condición técnica, alinean la concepción y diseño de la Casa Rambla con la cualidad del dispositivo como artefacto activo y no neutral, propuesto por Foucault y desarrollado por Agamben. Hay una desviación de la tecnología de control medioambiental hacia el exterior —la arquitectura como remediador medioambiental— así como una desnormalización del programa doméstico y su gestión de la privacidad.

Si, tal y como afirma Andrés Jaque, el aparato tecnológico de la arquitectura es parte fundamental de su función social, aquí este habría trascendido lo social-humano para actuar en una red de equilibrios y relaciones ambientales. Y como tal dispositivo aspira a operar como ejemplo paradigmático y, por tanto, entenderse como una práctica discursiva capaz de asociar grupos de objetos, conjuntos de enunciaciones o series de elecciones teóricas. En definitiva, lo más significativo es que se hace innecesario el texto y la crítica. En su lugar, la arquitectura, el artefacto técnico, sería capaz de enunciar sus reglas y exponer los procesos que activa.

No exentos de escepticismo ante la ambición de describir la Casa Rambla como un dispositivo efectivo, los editores de la revista *Volume* añaden una coda a la entrevista, publicando una serie de imágenes producidas por Google Earth y que se aproximan paulatinamente, *zooming in*, hacia los suburbios de Molina de Aragón, mostrando urbanizaciones genéricas y normalizadas de la España, no solo vaciada sino seca. Y bajo el epígrafe *«Where is Waldo»*, las imágenes sucesivas resaltan la homogeneidad social y la normalización política construida a través y por medio de la arquitectura. Porque eso es lo que desvelan las imágenes supuestamente neutrales de Google Earth: no ciudades sino patrones, no construcciones sino repeticiones, no arquitectura sino una técnica normalizada y serializada tanto en los modelos como en las dimensiones.

Google Earth muestra de modo descarnado la controversia entre un medioambiente exhausto y una urbanización artificial y ajena a su entorno no solo físico sino cultural y medioambiental. Y cuando la identificamos por fin en la imagen, su camuflaje como una más en el sistema demuestra su arriesgada estrategia. La Casa Rambla, normalizada por el deslinde de las propiedades, incluso comprimida dentro del patrón urbanístico, dimensional y morfológico repetido metódicamente, subsiste dentro de su propiedad como un espejismo.

Y sí, es ciertamente un artefacto funcionando a la contra de los regímenes medioambientales, legales y urbanísticos en los que está inscrito. Y, en ese sentido, marca y representa las controversias entre la cultura y la naturaleza.

«Para el arquitecto, el edificio es un proyecto, no un objeto. Ahora es más fácil entenderlo y proponerlo. La arquitectura de hoy hace del edificio un objeto controvertido, generador de polémicas. En muchos sentidos, las metáforas de la política se están transformando en metáforas en la arquitectura, en gran parte debido a la crisis ecológica».[43]

Funciona como un dispositivo que es legible, aunque no es un texto. Y lo hace en diversas escalas, según nos alejemos o acerquemos.

Definitivamente, la arquitectura también se escribe. Como historia, como ficción, como manifiesto, como relato o, afortunadamente, también como proyecto.

6. La investigación

El interés por la teoría como discurso y como abstracción conceptual —disciplinar, histórica, semiótica o filosófica— caracterizó el pensamiento académico en los 70 y 80. Sin embargo, tan solo una década después había sido desplazado por un pragmatismo que aspiraba a sustituir los discursos conceptuales por las estrategias emanadas de las prácticas profesionales.[44]

Si aún al final de los 80 la teoría era un campo preciso y su pedigrí académico se inscribía en un fenómeno disciplinar con un alto grado de autonomía y un lenguaje propio —una actividad en cierto modo exterior o paralela a la práctica profesional— a partir de los 90 el interés se reorientó hacia una nueva condición instrumental, para y desde la producción de la arquitectura y no como agente crítico externo.

El optimismo ideológico tras la caída del Muro de Berlín y el fin de la Guerra Fría impulsó el convencimiento de que la sociedad occidental había demostrado una superioridad global, de modo que las discusiones sobre modelos e ideologías perdían sentido. En definitiva, si la realidad era una única realidad desde el punto de vista ideológico y social, las discusiones sobre su estructura o fundamentos se hacían innecesarias.

En tal contexto de expansión económica global sin precedentes, extendido hasta bien entrada la primera década del nuevo siglo y sustentado sobre el afianzamiento sin oposición del pensamiento neoliberal, también se llegó al convencimiento de que el relato (teórico) solo construye relato (teórico), pero no necesariamente se relaciona con y construye la realidad, los acontecimientos que suceden y se suceden en tiempo real. «[…] los editores de Perspecta 33 [Vol. 33, *Mining Autonomy* (2002)] quizás hayan identificado inconscientemente lo ocurrido en los últimos veinte años: a saber, que la disciplinariedad ha sido absorbida y agotada por el proyecto de la crítica».[45]

La nueva 'sociedad del conocimiento', asociada con el pragmatismo de la globalización, diluyó de modo generalizado el interés por los discursos filosóficos y teóricos, centrando la atención en la investigación e innovación práctica y en la acción. Era, en palabras de Michael Speaks, un conocimiento más 'empresarial' que académico, desarrollando prototipos sujetos a procesos de prueba, error y modificación en vez de trabajar con modelos abstractos.

«Si la filosofía dominó intelectualmente las vanguardias de principios del siglo XX y la teoría lo fue de las vanguardias de finales del siglo XX, la inteligencia domina las postvanguardias de principios del siglo XXI. Mientras que las prácticas de las vanguardias se basan en ideas, teorías y conceptos construidos por adelantado, las prácticas basadas en la inteligencia son emprendedoras, buscan oportunidades de innovación que no pueden predecirse mediante ninguna idea, teoría o concepto».[46]

En lo que se refiere a la arquitectura, y en el escenario persistente de oposición entre la función de la teoría y la eficacia de la práctica,[47] el mensaje era que podíamos olvidar a Habermas y Adorno y leer más atentamente el *New York Times*, o incluso el *Financial Times*, a la búsqueda de los síntomas y los hechos que determinan el presente, nuestro único contexto significativo.

A los ojos de este pensamiento pragmático, son precisamente tales acontecimientos los que determinan y definen anticipadamente los conflictos y las herramientas con los que deben trabajar los arquitectos, así como los problemas a los que se enfrentan inevitablemente, y así se pone de manifiesto en los textos de Michael Speaks, Robert Somol, Sarah Whiting o Rem Koolhaas publicados entre 1995 y 2005.

Aplicando la terminología propuesta por Somol y Whiting, se podría caracterizar el paso de los modos críticos a los proyectivos —pragmáticos, operativos, diagramáticos, etc.— como un proceso de 'enfriamiento' de la arquitectura y de su pensamiento en la misma medida en que las modelizaciones teóricas perdían relevancia frente a los casos específicos, pero también, y esto es significativo, respecto a la escritura como un medio más para producir arquitectura, el cuestionamiento de los discursos frente a los hechos. Se trataría del paso de una versión 'caliente' a una versión 'fría' de la disciplina, o «*from hot to cool*»[48] con toda su polisemia e implicaciones.

En el origen bibliográfico de esta conceptualización se sitúa, obviamente, Marshall McLuhan y su análisis de los medios frente a los contenidos, o la capacidad estructurante del medio frente al significado codificado del mensaje. Según McLuhan, los medios calientes, como el cine, son los de alta definición y transmiten información muy precisa en un solo canal o de un solo modo. Por el contrario, los medios fríos, como la televisión, son de baja definición, transmitiendo una información (contenido) incompleta que requiere la participación del usuario.

En definitiva, son menos precisos en la medida que requieren de la participación social. Aplicando este argumento, tanto la arquitectura moderna como la teoría crítica de los 80 emitían en alta definición mensajes completos y cerrados. Por el contrario, la conexión con la televisión y el consumo situarían a la arquitectura postmoderna, o la comercial, como una arquitectura 'cool', abierta a la participación y negociación de sus contenidos, de su significado. Y lo mismo ocurriría con la arquitectura del *design inteligence*' propuesta por Speaks.

Pero si en los 90 la práctica arquitectónica efectivamente superó a la academia en la producción de los contenidos relevantes, en los años recientes se ha producido otro cambio de paradigma: una nueva reorientación estructural en la producción de conocimiento y cultura arquitectónica que intensifica la atención sobre la interacción de la arquitectura en contextos más amplios y su dependencia de redes más diversificadas.

Felicity Scott se ha referido a ellas como «realidades marginales»,[49] no en el sentido de secundarias sino por estar situadas en el margen, exteriores a aquello que entendemos como disciplinar, profesional y normativo. Se trataría de acometer una descripción de la arquitectura no como un sistema de objetos con identidad/forma propia, estable y autónoma, sino inscrita como una parte más en un sistema complejo de redes no solo técnicas y materiales, sino también sociales y políticas.

Ello implica, en primer lugar, entender la arquitectura como parte de un sistema abierto de relaciones y desequilibrios en el que esta participa como un agente más entre otros tantos de una red.

Segundo, que no es solo posible sino necesario señalar el valor sintomático y simbólico potencial de la arquitectura: su capacidad para señalar —que no significar— controversias y conflictos a través de su condición como manifestación real, material, intencionadamente construida, aunque quizá no conscientemente con ese propósito. La arquitectura sería una herramienta para resolver una función, pero también un sistema de representación y visualización de las controversias, materiales y de otros muchos órdenes.

Tercero, que esta posición se diferencia tanto de los discursos críticos, predicados en la autonomía y la disciplinariedad, como del pragmatismo inteligente y su confianza en que reconocer, entender y trabajar en los contextos reales y desde su interior es el modo de producir conocimiento con aplicación práctica.

La investigación, académica o forense, nos proporciona hoy una nueva vía. Una vía en la que el investigador debe detectar en las imágenes o en los objetos su presencia física tanto como su capacidad de representación, su materialidad tanto como su capacidad de mediación, la apariencia tanto como la descripción. Lo cierto es que debemos entender y analizar los artefactos no solo como objetos materiales, sino también como el soporte de las múltiples marcas de lo que les ha acaecido.

«El modo 'investigación' no se limita a desconfiar de la imagen fotográfica, sino que se sumerge en la forma en que esta está codificada, comprimida, formateada, aumentando lo que puede verse en ella. El truco reside en que, para responder a la pregunta de qué se puede captar en una imagen, hay que comprender lo que escapa a la representación y por qué».[50]

Materialidad y objetividad se superponen con la representación y la mediación, haciendo improductiva la separación metodológica entre el laboratorio y el estudio, entre la ciencia y la especulación. Y nos permitirían superar los múltiples conflictos con el discurso crítico que arrastramos desde el siglo pasado.

Luis Rojo
Profesor titular de Proyectos
Arquitectónicos
Universidad Politécnica de Madrid

Este ensayo se inscribe en el contexto académico del Master en Proyectos Arquitectónicos Avanzados MPAA#15. Con el título general 'pragmatismo o modelos', el seminario se enfocó en la escritura como un medio más en la producción de la arquitectura, y no únicamente como herramienta para el análisis crítico. Para ello, se propuso trabajar con cuatro textos escritos y editados entre 2016 y 2021 por Arno Brandlhuber, Beatriz Colomina y Mark Wigley, Kersten Geers y Andrés Jaque.

Notas

1. Geers, *Without Content*, 7. (Todas las traducciones contenidas en el presente texto son libres y del autor a partir de los originales en Inglés).

2. *Ibidem*, 7.

3. https://www.sanrocco.info/

4. *San Rocco* n°11 (2015): «Happy Birthday Bramante!».

5. Geers, *Without Content*, 17.

6. *Ibidem*, 19.

7. Ackerman, «The Belvedere as a Classical Villa», 70–91.

8. Geers, *op. cit.*, 20.

9. *Ibidem*, 21.

10. *Ibidem*, 21.

11. *San Rocco* n°7 (2013): «Indifference».

12. Geers, *op. cit.*, 85.

13. *Ibidem*, 88.

14. *Ibidem*, 88.

15. Geers y Van Severen, «Bas Princen hace arquitectura; por tanto, colaboramos con él cuando documenta nuestros edificios», 167-169.

16. Fuller y Weizman, *Investigative Aesthetics. Conflicts and Commons in the Politics of Truth*, 110.

17. Geers, *Without Content*, 11. Introducción de Enrique Walker.

18. *Ibidem*, 125.

19. *Ibidem*, 125.

20. *Ibidem*, 126.

21. Koolhaas, «Junkspace».

22. *Ibidem*, 175.

23. *Ibidem*, 175.

24. Geers, *op. cit.*, 127.

25. *Ibidem*, 127.

26. Van Gerrewey, «Diez opiniones y malentendidos sobre la obra de architecten de vylder vinck taillieu», 5.

27. *Ibidem*, 13.

28. Architecten de vylder vinck taillieu, Jan de Vylder, «Again», sin paginar.

29. *Ibidem*, sin paginar.

30. Van Gerrewey, *op. cit.*, 10.

31. Clifford, *The Predicament of Culture. Twentieth-Century Ethnography, Culture, and Art*.

32. Foster, *The Return to the Real*.

33. Latour, *Nous n'avon jamai été modernes: Essai d'antropologie symmétrique*.

34. Ghosn, Jazairy y Ramos, «The Space of Controversies: an interview with Bruno Latour», 128.

35. Fuller y Weizman, *op. cit.*

36. Peterman et. al., *Volume* n°62, 2022. «Tracked Changes».

37. Clouette, Inaba y Jaque, «Mechanical Systems Deliver Societies», 61.

38. Banham, *The Architecture of Four Ecologies*.

39. Clouette, Inaba y Jaque, *op. cit.*, 61.

40. Memoria del proyecto en la web de la oficina. https://officeforpoliticalinnovation.com/work/marblelous-crowned-house/

41. *Ibidem*.

42. *Ibidem*.

43. Ghosn, Jazairy y Ramos, *op. cit.*, 125.

44. Baird, «Criticality and Its Discontents», 136.

45. Somol y Whiting, «Notes around the Doppler Effect and Other Moods of modernism», 73.

46. Speaks, «Intelligence After Theory», 104.

47. Martin, «Critical of What? Toward a Utopian Realism», 150.

48. Somol y Whiting, *op. cit.*, 73.

49. Scott, «Outcast Realities», 10.

50. Fuller y Weizman, *op. cit.*, 109.

Bibliografía

Ackerman, James S. «The Belvedere as a Classical Villa.» En *Journal of the Warburg and Courtauld Institutes*, Vol. 14 (1951): 70-91.

Agamben, Giorgio. *What is an apparatus and other essays*. Stanford, CA: Stanford University Press, 2009. [Ed. original: *Che cos'è un dispositivo?* Milano: Nottempo, 2006].

Architecten de vylder vinck taillieu, Jan de Vylder, «Again.» *2G* n°66 architecten de vylder vynck taillieu (2013): sin paginar.

Baird, George. «Criticality and Its Discontents». En *The New Architectural Pragmatism*, editado por William Saunders, 136-149. Londres/Minniapolis: University of Minnesota Press, 2007.

Banham, Reyner. *Los Angeles. The Architecture of Four Ecologies*. CA: University of California Press, 1971.

Clifford, James. *The Predicament of Culture. Twentieth-Century Ethnography, Culture, and Art*. Cambridge, MAS: Harvard University Press, 1988.

Clouette, Benedict, Jeffrey Inaba, Andrés Jaque. «Mechanical Systems Deliver Societies.» *Volume* n°62 (2022): 60-66.

Frampton, Kenneth. «Towards a Critical Regionalism: Six points for an architecture of resistance.» En *Anti-Aesthetic. Essays on Postmodern Culture*, editado por Hal Foster, 16-30. Seattle: Bay Press, 1983.

Foster, Hal. *The Return to the Real*. Cambridge, MAS: MIT Press, 1996.

Fuller, Matthew, Eyal Weizman. *Investigative Aesthetics. Conflicts and Commons in the Politics of Truth*. Londres/Nueva York: Verso, 2021.

Geers, Kersten, David Van Severen. «Bas Princen hace arquitectura; por tanto, colaboramos con él cuando documenta nuestros edificios». *2G* n°63 *Office Kersten Geers David Van Severen* (2012): 167-169.

Geers, Kersten. «Siza's Mother». *San Rocco* n°07 *Indifference* (2013): 5-19.

Geers, Kersten. «Looking elsewhere». *San Rocco* n°11 *Happy Birthday Bramante* (2015): 52-56.

Ghosn, Rania. EL Hadi Jazairy, Stephen Ramos. «The Space of Controversies: an interview with Bruno Latour». *New Geographies* n°0 (2009): 123-135.

Koolhaas, Rem. «Junkspace». *October* n°100 (Spring 2002): 175-190.

https://officeforpoliticalinnovation.com/work/marblelous-crowned-house/.html (consultado el 29 de octubre de 2023).

Latour, Bruno. *We Have Never Been Modern*. Cambridge, MAS: Harvard University Press, 1991. [Ed. original: *Nous n'avon jamai été modernes: Essai d'antropologie symmétrique*. Paris: La Découverte, 1991].

Moneo, Rafael. *Theoretical Anxiety and Design Strategies in the Work of Eight Contemporary Architects*. Boston: MIT Press, 2004.

Martin, Reinhold. «Critical of What? Toward a Utopian Realism.» En *The New Architectural Pragmatism*, editado por William Saunders, 150-161. Londres/Minneapolis: University of Minnesota Press, 2007.

Scott, Felicity. «Outcast Realities.» En Andrés Jaque/Office for Political Innovation. *Políticas transmateriales*, 14-31. Madrid: Ministerio de Educación, Cultura y Deporte, 2017.

Somol, Robert y Sarah Whiting. «Notes around the Doppler Effect and Other Moods of Modernism». *Perspecta* Vol 33, *Mining Autonomy* (2002): 72-77.

Speaks, Michael. «Intelligence After Theory». *Perspecta* n°38 Architecture After All (2006): 103-106.

Testa, Peter. *Alvaro Siza*. Berlín: Birkhauser Verlag AG, 1996.

Van Gerrewey, Christophe. «Diez opiniones y malentendidos sobre la obra de architecten de vylder vinck taillieu». *2G* n° 66 *architecten de vylder vynck taillieu* (2013): 5-13.

Peterman, Stephan. Lilet Breddels y Francesco Degl'Innocenti (Editores). «Tracked Changes». *Volume* n°62 (2022).

Walker, Enrique, Moisés Puente y Kerten Geers. *Kersten Geers. Without Content*. Colonia: Verlag der Buchhandlung Walther und Franz König, 2021.

Colección Ensayos Críticos

Directora de la colección
Silvia Colmenares

Edita
DPA ETSAM en colaboración con
Ediciones Asimétricas

Ensayos Críticos 01
La arquitectura también se escribe
Entre la crítica y la investigación

© de los textos
Luis Rojo

© de las imágenes
sus autores

© de la edición
© DPA ETSAM, 2024
www.dpa-etsam.com
© Ediciones Asimétricas, 2024
www.edicionesasimetricas.com

Diseño
gráfica futura

Impresión
Estilo Estugraf Impresores

ISBN
978-84-10065-15-4

Depósito legal
M-7250-2024

Impreso en España / Printed in Spain